MUST READ **ANALIZA KSIĄŻKI**

AF156539

Połówka
żółtego słońca

Chimamanda Ngozi Adichie

ANALIZA KSIĄŻKI

Napisany przez Natalia Torres Behar
Przetłumaczony przez Kâmil Kowalski

Połówka żółtego słońca

· ·

CHIMAMANDA NGOZI ADICHIE

MUST READ

CHIMAMANDA NGOZI ADICHIE

NIGERYJSKA PISARKA

- **Urodziła się w Enugu (Nigeria) w 1977 roku.**
- **Nagrody literackie:**
  - Orange Broadband Prize for Fiction, 2007 (za *Połówkę żółtego słońca*)
  - National Book Critics Circle Award for Fiction, 2013 (za *Amerykaanę*)
  - MacArthur Genius Grant, 2008
- **Godne uwagi wyróżnienia:**
  - Członek Amerykańskiej Akademii Sztuk i Nauk (wybrana w 2017 roku)
- **Godne uwagi prace:**
  - *Fioletowy hibiskus* (2003), powieść
  - *To coś na twojej szyi* (2009), zbiór opowiadań
  - *Amerykaana* (2013), powieść
  - *We Should All Be Feminists* (2014), esej

Chimamanda Ngozi Adichie dorastała w świecie akademickim, gdyż oboje jej rodzice pracowali na Uniwersytecie Nigerii w Nsukka: matka była kierownikiem działu rekrutacji, a ojciec profesorem statystyki. Znajduje to odzwierciedlenie w jej twórczości, gdyż znaczna część *Połówki żółtego słońca* rozgrywa się na uniwersytecie. Co więcej, we wczesnych latach dzieciństwa mieszkała w domu, który wcześniej był rezydencją Chinuy Achebe (1930-2013), powszechnie uważanego za najbardziej wpływowego nigeryjskiego pisarza epoki współczesnej – to niesamowity zbieg okoliczności, który zdaje się zapowiadać jej własną karierę literacką.

Adichie przeniosła się do Stanów Zjednoczonych na studia i początkowo studiowała komunikację i nauki polityczne na Drexel University w Filadelfii i Eastern Connecticut State University, a następnie ukończyła studia magisterskie z kreatywnego pisania na John Hopkins University w Baltimore w 2003 roku. W tym samym roku opublikowała swoją debiutancką powieść *Fioletowy hibiskus*, historię o dojrzewaniu, która koncentruje się na dysfunkcyjnej nigeryjskiej rodzinie.

Od czasu wydania pierwszej powieści Adichie kontynuuje pisanie i publikowanie zarówno literatury pięknej, jak i faktu. Otrzymała wiele nagród w uznaniu za to, że jej pisarstwo na nowo zdefiniowało anglojęzyczną literaturę nigeryjską i afrykańską. W 2008 roku uzyskała również drugi stopień magistra w dziedzinie studiów afrykańskich na Uniwersytecie Yale.

Ważne jest, aby wziąć pod uwagę to akademickie zaplecze, gdy analizuje się twórczość współczesnych pisarzy, takich jak Adichie. Chociaż społeczeństwo tradycyjnie ma tendencję do zakładania, że większość autorów to śmiałkowie, tacy jak Lord Byron, których szalone eskapady są często jeszcze dziwniejsze niż historie, które piszą, Adichie jest częścią nowego pokolenia pisarzy, których rzemiosło często opiera się bardziej na skrupulatnych badaniach i teorii krytyczno-literackiej niż na osobistym doświadczeniu.

POŁÓWKA ŻÓŁTEGO SŁOŃCA

NARODZINY NOWEGO NARODU

- **Gatunek:** powieść

- **Wydanie referencyjne:** Ngozi Adichie, C. (2007) *Half of a Yellow Sun*. London: Harper Perennial.

- **wydanie pierwsze:** 2006 r.

- **Tematy:** kolonializm, narodowość, rasa, wojna, język

Połówka żółtego słońca to mistrzowskie, bezkompromisowo brutalne spojrzenie na nigeryjską wojnę domową, znaną również jako wojna biafrańska. Opowiada historię sióstr bliźniaczek Olanny i Kainene, których rodzina należy do nigeryjskiej klasy wyższej, gdzie panuje korupcja i często działa na korzyść brytyjskich kolonizatorów, od których kraj dopiero co uzyskał niepodległość, a nie samych mieszkańców Nigerii. Powieść skupia się również na partnerze Olanny – Odenigbo, profesorze matematyki o socjalistycznych skłonnościach, oraz Richardzie, aspirującym brytyjskim pisarzu, w którym zakochuje się Kainene.

Życie sióstr zmienia się, gdy niepewny pokój w kraju zostaje zagrożony przez Hausa, muzułmańską grupę etniczną, która przejmuje kontrolę nad krajem i masakruje Igbo, grupę mniejszościową, do której należą Olanna i Kainene. Ta zapierająca dech w piersiach powieść porusza tematy wygnania, maltretowania, śmierci i zdrady, tworząc dogłębny portret epoki, w której się rozgrywa, a także bada cienką linię, która oddziela nadzieję od nienawiści.

PODSUMOWANIE

PRZYJAZD DO NIGERII

Już na pierwszych stronach powieści poznajemy postać Ugwu, młodego człowieka ze skromnego środowiska, który właśnie przeprowadził się do Nsukki, by pracować jako pomocnik domowy u Odenigbo, prowadzącego intelektualne debaty i martwiącego się o polityczną i społeczną stabilność Nigerii. Między nimi nawiązuje się bliska więź.

Jednak spokojne życie Ugwu zostaje zakłócone, gdy wprowadza się do nich dziewczyna Odenigbo, Olanna. Olanna szybko przejmuje władzę w domu i para często uprawia głośny seks, ale z czasem Olanna i Ugwu nawiązują bliską więź. Wszyscy troje są Igbo, ale podczas gdy Olanna i Odenigbo otrzymali wykształcenie, Olanna miała znacznie bardziej uprzywilejowane wychowanie niż Odenigbo. Olanna postępuje wbrew woli ojca i zaczyna pracować jako profesor socjologii w Nsukka, a także raz na zawsze zrywa z bogatym byłym chłopakiem Hausa, Mohammedem.

Czytelnik szybko dowiaduje się, że Olanna ma siostrę bliźniaczkę o imieniu Kainene, która jest znacznie bardziej pragmatyczna i pracuje w jednej z firm ojca. Kainene poznaje brytyjskiego dziennikarza i aspirującego pisarza Richarda, który spotyka się z kobietą o imieniu Susan, i zakochują się w sobie. Kainene przenosi się do Port Harcourt, aby zarządzać rodzinną firmą, podczas gdy Richard przenosi się do Nsukka, aby studiować tradycyjną sztukę Igbo i rozwija fascynację tamtejszą kulturą. Staje się również członkiem kręgu towarzyskiego Odenigbo i zaczyna uczęszczać na ich spotkania. Tymczasem Ugwu zaczyna uczęszczać do szkoły podstawowej i w miarę postępów w nauce zbliża się do Olanny i Odenigbo. Szczęście domowników zakłóca jednak fakt, że pragnienie Olanny, by mieć dziecko, nigdy się nie spełnia.

KONFLIKTY DOMOWE

Olanna nie dogaduje się z matką Odenigbo, która żałuje, że jej syn nie zdecydował się na rozpoczęcie związku z kimś innym. Po kłótni między nimi, nieufność matki Odenigbo wobec Olanny sięga zenitu i, według Ugwu, odprawia ona jakieś czary i zmusza Odenigbo do przespania się ze służącą o imieniu Amala.

Amala zachodzi w ciążę, a Olanna dowiaduje się o romansie. Jej związek z Odenigbo zaczyna się pogarszać, a ona zbliża się do Richarda, z którym w końcu uprawia seks. Po tym wszystkim mówi Odenigbo wszystko, a on przepędza Richarda z ich domu w upokorzonej furii. Kainene również dowiaduje się o romansie i jest wściekła na swoją siostrę.

Amala rodzi dziewczynkę, ale nie chce wziąć odpowiedzialności za dziecko. Olanna decyduje się więc na adopcję niemowlęcia, czując, że jest to córka, o której zawsze marzyła. Nie potrafi jednak zdecydować się na imię i nazywa ją po prostu Baby.

ŚMIERĆ PUKA DO DRZWI

Po kilku latach w domu Olanny i Odenigbo zostaje przywrócony pokój, choć Olanna i Kainene nie są w stanie rozmawiać, a Richard nie jest tam mile widziany. W międzyczasie grupa dysydentów Igbo dokonuje zamachu stanu przeciwko rządzącej elicie Hausa i morduje kilku polityków. Olanna jest jedną z niewielu postaci, które nie czują się dobrze po zamachu, który jest świętowany przez jej krewnych.

 ## CZY WIESZ, ŻE...?

Nigeria jest krajem bardzo zróżnicowanym kulturowo, zamieszkiwanym przez różne grupy etniczne, a relacje między nimi są często napięte. *Połówka żółtego słońca* omawia, jak lud Hausa był traktowany w sposób uprzywilejowany w okresie, gdy kraj był kolonizowany przez Brytyjczyków, ponieważ był postrzegany jako bardziej "cywilizowany" niż inne grupy etniczne, ponieważ byli muzułmanami. To dało początek strukturze społecznej, w której Hausa stali się częścią establishmentu, pobierając podatki i podporządkowując sobie inne grupy etniczne, takie jak Igbo i Yoruba, w zamian za milczące porozumienie, że chrześcijańscy misjonarze skupią swoją uwagę gdzie indziej.

Ta struktura społeczna stworzyła ogromne nierówności między różnymi grupami etnicznymi w kraju i regionami geograficznymi, z których pochodziły: podczas gdy północna Nigeria, zamieszkana głównie przez Hausa, stawała się coraz bogatsza i potężniejsza, południowo-wschodnie obszary kraju pozostawały bezbronne wobec wyzysku ze

Świętowanie trwa krótko, ponieważ Hausa szybko zawierają sojusz z Jorubami i atakują Igbo, dokonując drugiego zamachu stanu w celu przejęcia władzy i masakrując ludność Igbo. Sytuacja całkowicie wymyka się spod kontroli, a dworce kolejowe wypełniają się rannymi. Widząc chaos, Olanna obawia się o bezpieczeństwo swojej ciotki i wujka. Z pomocą Mohammeda udaje jej się odbyć niebezpieczną podróż do dzielnicy, w której mieszkają. Odkrywa, że zostali oni zabici przez własnych sąsiadów i jest wstrząśnięta do głębi. W pociągu powrotnym do miasta spotyka kobietę, która pokazuje jej przerażający widok:

> "Olanna spojrzała w miskę. Zobaczyła główkę dziewczynki z popielatoszarą skórą, splecionymi włosami, wywiniętymi oczami i otwartymi ustami. Wpatrywała się w nią przez chwilę, zanim odwróciła wzrok. Ktoś krzyknął." (s. 149)

Lud Igbo próbuje odłączyć się od reszty Nigerii i założyć nowe państwo o nazwie Republika Biafry. Odenigbo popiera ten rozwój wypadków, gdyż uważa, że secesja mogłaby przynieść krajowi korzyści i położyć kres masakrom; jest już jednak za późno, a ogromne ilości krwi zostały już przelane.

REPERKUSJE

Po śmierci ciotki i wujka Olanna nie może poruszać nogami i czuje się całkowicie bezradna, a mocna zazwyczaj konstytucja Odenigbo zostaje osłabiona. Olanna i Richard spotykają się ponownie, gdy oboje uczestniczą w konferencji na temat wojny, która kończy się ulicznym protestem prowadzonym przez Odumegwu Ojukwu (1933-2011), przywódcę Republiki Biafry. Widok ten porusza wyobraźnię zarówno Olanny, jak i Richarda, którzy widzą w nim symbol odrodzenia i odnowy.

Rodzina jest w trakcie przygotowań do ślubu siostry Ugwu, kiedy przerywa im pojawienie się w pobliżu nigeryjskich sił wojskowych i są zmuszeni uciec do domu matki Odenigbo w Aba, gdzie Odenigbo podejmuje pracę jako pracownik socjalny. Ich spokój nie trwa jednak długo, gdyż wkrótce miasto zostaje zaatakowane przez siły Hausa. Rodzina jest zmuszona do ponownej ucieczki, ale matka Odenigbo decyduje się pozostać w rodzinnym mieście. Tym razem Olanna i Odenigbo trafiają do Umuahia, gdzie Olanna rozpoczyna pracę jako nauczycielka, a para bierze ślub, który jednak zostaje przerwany przez nalot.

TRUDNE CZASY

Choć ich nowe życie jest dalekie od stabilizacji i to przeraża Olannę, stara się ona zachować dzielną twarz. Kiedy szkoła, w której pracuje, zostaje zamieniona na ośrodek dla uchodźców, postanawia nadal uczyć w swoim domu, z pomocą Ugwu. Tymczasem Odenigbo dowiaduje się, że jego matka została zabita. Zrozpaczony próbuje wrócić do rodzinnego miasta, chcąc wyprawić jej odpowiedni pogrzeb, choć wie, że droga będzie pełna nigeryjskich żołnierzy.

W innych miejscach Richardowi powierzono zadanie pisania artykułów o sytuacji w Biafrze. Staje się dość znany ze swojej pracy, która łączy dokładne relacje z wojny z komentarzami na temat niemożliwej do utrzymania sytuacji politycznej i nadziei, że wojna wkrótce się skończy, teraz, gdy Nigeria otrzymuje pomoc od wielu zagranicznych mocarstw w walce z Biafrą.

Odenigbo popada w głęboką depresję, a rodzina zmuszona jest przenieść się do maleńkiego mieszkania. Do Ugwu wielokrotnie zgłaszają się także członkowie armii biafrańskiej, którzy chcą go wcielić w swoje szeregi. Jedyną iskierką światła w tej, wydawałoby się, beznadziejnej sytuacji jest wizyta Kainene, podczas której siostry wreszcie odkładają na bok dzielące je różnice. W końcu Ugwu ulega presji rówieśników i zostaje wcielony do armii; staje się wytrawnym wojownikiem i cieszy się dużym szacunkiem wśród swoich towarzyszy. Jednak to prowadzi do jego najczarniejszego momentu, kiedy innym żołnierzom udaje się namówić go do zgwałcenia kobiety, pozostawiając go prześladowanym przez pamięć o nienawiści, która płonęła w jej oczach.

Niedługo potem Kainene informuje Olannę, że Ugwu zginął w walce. Miasto zostaje ponownie zaatakowane, a rodzina jest zmuszona do zamieszkania z Kainene i Richardem. Bliźniaczki zbliżają się do siebie i stają się nierozłączne ponownie, i wszystko wydaje się zmierzać ku lepszemu, gdy dowiadują się, że Ugwu w rzeczywistości żyje. Jednak pewnego dnia Kainene wyjeżdża, by próbować handlować przez linie wroga i znika.

Ojukwu poddaje się, a Republika Biafry zostaje rozwiązana. Rodzina jest w stanie wrócić do Nsukka, ale Kainene jest nadal zaginiona, a Richard rzuca całą swoją energię na poszukiwania jej.

Kilka lat później Ugwu wraca do rodzinnego miasta, gdzie odkrywa, że jego matka zmarła, a siostra została zgwałcona. Zaczyna pisać książkę o wojnie i tytułuje ją *Narrative of the Life of a Country*. Z drugiej strony Richard przestał pisać, a Kainene nigdy więcej nie widziano.

STUDIUM POSTACI

Siła *Połówki żółtego słońca* tkwi w bohaterach, którzy zarówno napędzają historię, jak i często znajdują się w opozycji do niej. Nawet jeśli ich życie jest pogrążone w chaosie przez wydarzenia z historii, znajdują siłę woli, by odgrywać aktywną rolę w sytuacjach, w których się znaleźli, tworząc bogate, warstwowe charakterystyki. Jak mówi sama Adichie w podziękowaniach na końcu książki, niektóre z postaci są oparte na prawdziwych ludziach, nawet jeśli ich historie zostały sfingowane.

OLANNA

Olanna to postać o ciepłym sercu, która przez całą powieść wydaje się być źródłem miłości i siły dla wszystkich wokół. Według siostry jej imię oznacza "Złoto Boga" (s. 58), a ona sama opisywana jest jako niezwykle piękna. Ma również buntowniczą naturę i nie waha się konfrontować z rodzicami lub mężem, gdy uważa, że są zbyt skąpi, chciwi lub zadufani w sobie.

Jednak przez całą powieść dręczy ją również smutek i często styka się ze śmiercią. W rzeczywistości mamy większy wgląd w jej osobowość niż jakiejkolwiek innej postaci w powieści, ponieważ otrzymujemy perspektywę z pierwszej ręki jej wątpliwości i otrzymujemy szczegółowy opis wszystkich wydarzeń, które najbardziej ją niepokoją:

"Opisała niejasno znajome ubrania na bezgłowych ciałach na podwórku, nieruchomo drgające palce na dłoni wujka Mbaezi, wywinięte do tyłu oczy

> *dziecięcej główki w tykwie i dziwny odcień skóry – płaski, szary, jak słabo wytarta tablica – wszystkich zwłok, które leżały na podwórku." (s. 156)*

Choć wszystkie postaci w powieści można słusznie określić mianem ofiar, Olanna pasuje do tego opisu bardziej niż ktokolwiek inny. Olanna bardzo cierpi w trakcie powieści, a jej ogromna zdolność do empatii sprawia, że nie tylko wojna domowa dotyka ją bezpośrednio, ale także głęboko odczuwa ból tych, którzy ją otaczają.

KAINENE

Nawet znaczenie imienia Kainene ("Obserwujmy i zobaczmy, co dalej przyniesie Bóg", s. 58) odróżnia ją od jej siostry bliźniaczki. Z natury jest o wiele bardziej praktyczna i szczera niż Olanna, co prowadzi do tego, że bierze na siebie znaczącą odpowiedzialność w często podejrzanych interesach ojca. Jednak jej osobowość również ma ukryte warstwy, a ponieważ nigdy nie otrzymujemy jej punktu widzenia na wydarzenia z historii, ani nie dowiadujemy się, co czuje o innych bohaterach, jej przemiana w trakcie powieści jest o wiele bardziej subtelna niż jej siostry. Richard początkowo opisuje ją jako dowcipną, przebiegłą i "prawie androgyniczną" (s. 60), ale w końcu staje się znacznie bardziej otwarta i zaczyna nawet pracować z migrantami. Co więcej, jej zniknięcie jest momentem definiującym końcową część książki i działa jak ostatni gwóźdź do trumny pełnego nadziei świata, w którym inni bohaterowie kiedyś żyli, a teraz muszą nauczyć się żyć bez niego.

UGWU

Odenigbo często określa Ugwu mianem "ignoranta", co nie jest do końca błędną oceną: wychował się on na wsi, gdzie nie miał możliwości zdobycia wykształcenia, dlatego nie jest świadomy wielu informacji politycznych i społecznych, do których dostęp mają Olanna i Odenigbo. Ma jednak bystry umysł i, jak często zauważają inni bohaterowie, szybko się uczy. Ta kombinacja cech charakteru jest ważna, ponieważ zapewnia czytelnikom, którzy mogą być nieświadomi sytuacji politycznej i kulturowej w Nigerii, bardziej realistyczne, zniuansowane zrozumienie kraju i jego mieszkańców. W rzeczywistości, czytelnik ostatecznie poznaje konflikty polityczne, które spustoszyły kraj pod koniec lat 60. dzięki przyjaznemu, zrelaksowanemu głosowi narracyjnemu Ugwu, a pod koniec powieści zaczyna pisać własną, obszerną książkę o wojnie. W ten sposób staje się on głosem całego pokolenia.

ODENIGBO

Odenigbo to uderzająca postać o ogromnych możliwościach fizycznych i psychicznych, która uosabia pojęcie siły. Promieniuje energią i siłą wszędzie, gdzie się pojawi, ale także dba o ludzi, których kocha. Różni się jednak od Olanny tym, że nie ma nieograniczonego źródła wewnętrznej siły, z której mógłby czerpać, a ta może go w każdej chwili zawieść. W ten sposób wykazuje pewne podobieństwo do nadziei, która charakteryzowała powstanie Biafry – jest niestabilna, burzliwa i niedefiniowalna.

RICHARD

Richard jest nieśmiałym człowiekiem o melancholijnym, introspektywnym usposobieniu. Nigdy nie jest szczególnie otwarty na spotkaniach i unika ryzyka, dopóki nie pozna Kainene. Dzięki relacji z nią staje się w końcu częścią jej rodziny. Jego największą ambicją jest pisanie o Nigerii i jej sztuce.

Chociaż Richard początkowo obserwuje wojnę z zewnątrz, on i jego nowo poznana rodzina nie są wolni od cierpienia, jakie ona wywołuje, a on sam uważa się za Biafrę. Adichie przykłada wielką wagę do konstrukcji jego postaci, co dodaje wiele niuansów do całej powieści. Chociaż powieść jest jawnie antykolonialistyczna i szeroko omawia negatywny wpływ brytyjskiego kolonializmu na Nigerię, postać Richarda pozwala na bardziej dogłębne zbadanie złożoności tych kwestii, ponieważ jego mentalność zmienia się w trakcie powieści, aż do momentu, gdy bardziej zbliża się do ideałów głoszonych przez afrykańskich socjalistów niż swego europejskiego pochodzenia. Jednak Richard nie jest w żadnym wypadku idealny, a niektóre z jego komentarzy mogą być protekcjonalne i rasistowskie. Innymi słowy, jego postać jest odzwierciedleniem postkolonialnej Europy i jej wysiłków, by stać się bardziej współczującą i ludzką, a także wszystkich sprzeczności, które towarzyszyły tej próbie transformacji.

BABY

Baby nie odgrywa w powieści szczególnie dużej roli, nie odzywa się często, pojawia się w mniejszej liczbie scen niż inni bohaterowie. Jest jednak intrygującą postacią, która w pewnych momentach wydaje się normalnym dzieckiem, a w innych mądrą staruszką uwięzioną w ciele dziecka. Rzeczywiście, w pewnym momencie zaczynają jej wypadać włosy, a Kainene mówi Olannie, że to znak wielkiej mądrości. Bawi się z innymi dziećmi z każdej klasy społecznej, a także bawi się sztyletem należącym do żołnierza, który został ranny w walce. To niezwykła osoba, która jest obdarzona całkowitą beztroską, wie dokładnie, co powiedzieć w każdej sytuacji i rozsiewa nadzieję i szczęście wszystkim wokół.

ANALIZA

FORMA

Wiele perspektyw

Połówka żółtego słońca to stosunkowo długa powieść, której akcja rozwija się w nieubłaganym tempie, często pozostawiając czytelnika w osłupieniu dzięki przemyślanej analizie życia w Nigerii. Powieść prowadzona jest w trzeciej osobie, a narrator jest bezimienną, wszechwiedzącą postacią, która potrafi zajrzeć w myśli bohaterów, a nawet zdaje się wiedzieć, co wydarzy się w przyszłości. Narrator ten jest również oderwany emocjonalnie, a nawet z pozorną obojętnością opisuje ludobójstwo ludu Igbo, które charakteryzowało się zabójstwami, prześladowaniami, rozłamem i utratą wszelkiej nadziei.

Tożsamość tego głosu nigdy nie zostaje wyjaśniona: może to być głos Boga, beznamiętnie obserwującego nieszczęście ludzi na ziemi, a może głos samej autorki, piszącej o wydarzeniach z przeszłości z analitycznej perspektywy, która pozwala jej na większy dystans emocjonalny wobec wojny niż ludziom, którzy ją przeżyli. W każdym razie funkcja tego oderwanego od rzeczywistości stylu narracji polega na zaoferowaniu czytelnikowi przejrzystej, pozornie bezstronnej relacji ze spustoszeń wojny, choć sama brutalność przedstawionych wydarzeń prawdopodobnie sprawi, że czytelnik będzie emocjonalnie wyczerpany, gdy odwróci ostatnią stronę.

Choć wydaje się, że narrator może dowolnie wchodzić w umysły bohaterów, w powieści pojawiają się perspektywy tylko trzech postaci: Ugwu, Olanny i Richarda. Każdy rozdział powieści opowiedziany jest z punktu widzenia jednej z tych postaci (na przykład pierwszy rozdział przedstawia Ugwu przybywającego po raz pierwszy do domu Odenigbo, gdzie żywo interesuje się rzeczami profesora). Mimo że ich perspektywy są przefiltrowane przez pryzmat wszechwiedzącego narratora trzecioosobowego, ich głosy są bardzo wyraźnie określone i każdy z nich oferuje swoją własną perspektywę na życie w Nigerii. Głos Ugwu jest zdefiniowany przez jego skromne pochodzenie i ignorancję, a jego rozdziały pozwalają czytelnikowi zrozumieć sytuację polityczną kraju, jak była ona postrzegana przez niższe klasy; Olanna oferuje perspektywę kobiety, a jej rozdziały przedstawiają niszczące skutki przemocy ze względu na płeć, a także koncentrują się na tematach takich jak macierzyństwo i rodzina; i wreszcie Richard oferuje perspektywę outsidera, i odkrywa realia życia w Nigerii, wojnę i beznadzieję wraz z czytelnikiem.

Czas

Powieść rozgrywa się w dwóch odrębnych okresach czasu i naprzemiennie. Dwie części powieści przedstawiają wydarzenia z początku lat sześćdziesiątych, podczas gdy pozostałe dwie części rozgrywają się w późniejszych latach tej dekady. W obu częściach osadzonych we wczesnych latach 60. narracja jest bardziej skoncentrowana na życiu bohaterów jako rodziny. W rozdziałach tych dominują tematy zazdrości, zdrady, miłości i rodzicielstwa, a także przedstawiają sposób, w jaki relacje między bohaterami rozpadają się i są odbudowywane w miarę upływu czasu.

Z kolei dwie duże części, których akcja rozgrywa się pod koniec dekady, są znacznie bardziej zorientowane politycznie. Bohaterowie są nieustannie zmuszani do przenoszenia się z miejsca na miejsce i często konfrontowani ze śmiercią, gdy raczkująca Republika Biafry walczy o umocnienie się w świecie.

Te cztery sekcje naprzemiennie przedstawiają dwa różne okresy czasu, zaczynając od rozdziału osadzonego we wczesnych latach sześćdziesiątych. Perspektywa następnie przełącza się na koniec dekady, a pozostałe dwie sekcje podążają za tym samym schematem. W ten sposób informacje są rozparcelowane na czytelnika dość stopniowo, przykładowo niektóre z informacji, takie jak różne znaki mające zdradzić innych członków rodziny w przeszłości, są nawiązane w drugiej sekcji, ale nigdy nie są wyraźnie stwierdzone ani wyjaśnione, aż pełna historia jest ujawniona w trzeciej sekcji.

Jednym z najciekawszych zabiegów narracyjnych zastosowanych przez Adichie jest rozrzucenie w tekście krótkich opisów książki, którą chce napisać Richard, *The World Was Silent When We Died.* Te krótkie fragmenty często sprawiają wrażenie, że zewnętrzny obserwator czyta dzieło Richarda: "Argumentuje, że Nigeria nie miała gospodarki do czasu Niepodległości. Państwo kolonialne było autorytarne, łagodnie brutalna dyktatura" (s. 204). Co ciekawe, wydają się one pojawiać niemal przypadkowo, nie podążając za żadnym konkretnym wzorcem.

Jednak te fragmenty odgrywają ważną rolę we wzbogacaniu zrozumienia przez czytelnika kontekstu powieści. Nie tylko dają nam wgląd w sposób pisania Richarda, ale także oferują nam ważne informacje na temat czynników, które spowodowały wojnę, takich jak kolonializm, religia i konflikty między różnymi grupami etnicznymi, które współistnieją w Nigerii, a siłami kolonialnymi. W pewnym sensie rozdziały te odgrywają podobną rolę jak zmiana punktu ciężkości powieści: w ten sam sposób, w jaki powieść przeskakuje między różnymi okresami czasu, aby pomóc czytelnikowi zrozumieć różne etapy nigeryjskiej wojny domowej, rozdziały, które skupiają się na książce Richarda, pomagają nam zrozumieć wcześniejsze konflikty, które ukształtowały przeszłość i teraźniejszość kraju; na przykład wyjaśniają, dlaczego znaczna część ludu Igbo żyje w ubóstwie i dlaczego brytyjscy kolonizatorzy byli bardziej skłonni zaufać muzułmańskim Hausa. Ponadto pokazuje nam, że przeszłość charakteryzowała się również śmiercią i nierównością, a dzięki badaniu tych tragedii z antropologicznego, socjologicznego i historycznego punktu widzenia, czytelnik jest lepiej przygotowany do zrozumienia i przeanalizowania historii opowiedzianej w pozostałej części powieści.

TEMATY

Kolonializm

Połówka żółtego słońca to eksploracja przyczyn nierówności i konfliktów w Nigerii, a jej przenikliwa analiza relacji między Imperium Brytyjskim a jego koloniami zdaje się sugerować, że kolonializm był pierwotną przyczyną tych konfliktów.

Adichie nie skupia się jednak tylko na relacjach między kolonizatorem a kolonizowanym, podkreślając sposób, w jaki Wielka Brytania i inne kraje europejskie spustoszyły narody Afryki w epoce kolonialnej; zamiast tego maluje szczegółowy, zniuansowany obraz złożonych struktur politycznych w Nigerii, które często stawiały jedną rdzenną grupę etniczną lub plemię przeciwko drugiej, tworząc słabości, które kolonialni okupanci szybko wykorzystywali. Dzięki temu powieść przedstawia kompleksowy portret tej splątanej sieci dynamiki władzy pomiędzy różnymi grupami społecznymi żyjącymi w Nigerii.

Na przykład, oprócz pokazania, jak członkowie niższych klas nigeryjskiego społeczeństwa zostali dotknięci przez kolonializm poprzez perspektywę Ugwu, powieść bada również wpływ kolonializmu na życie członków nigeryjskich klas wyższych, lewicowych naukowców i zakonów. Takie podejście pozwala Adichie stworzyć rozległą mozaikę różnorodnych relacji społecznych, zamiast po prostu opierać się na dychotomii typu ciemiężyciele kontra ciemiężeni. Rzeczywiście, jak już widzieliśmy w studium postaci, włączenie postaci Richarda pozwala na bardziej zniuansowane przedstawienie Brytyjczyków niż uogólniony portret ich jako bezwzględnych imperialnych władców. Innymi słowy, każdy aspekt tej złożonej powieści przyczynia się do naszego zrozumienia historii jako całości.

Narodowość i rasa

Tytuł powieści, *Połówka żółtego słońca*, jest nawiązaniem do flagi Republiki Biafry i stanowi echo tematów, na których zbudowana jest cała powieść: mianowicie nadziei, która może napędzić narodziny nowego narodu, oraz ideałów związanych z tym procesem.

Powstanie Biafry rodzi szereg pytań, nad którymi zastanawiają się zarówno bohaterowie powieści, jak i czytelnicy: czy Biafra może być rozwiązaniem problemów Nigerii? Co definiuje naród i jak należy wytyczać jego granice? (W końcu granice nie są wyryte w kamieniu; dziś granica między Meksykiem a USA przebiega wzdłuż Rio Grande, ale kiedyś ta granica była bardziej na północ). I czy nowo założone państwo uzyskuje swoją legitymację poprzez prostą proklamację niepodległości przez własnych obywateli, czy też legitymacja ta zależy od uznania jego statusu jako narodu przez społeczność międzynarodową?

Odenigbo nieustannie zastanawia się nad jednym konkretnym pytaniem, które stanowi jeden z głównych problemów powieści: czy secesja będzie korzystna dla Igbo i Hausa? Jest to podstawowe pytanie etyczne, a Odenigbo początkowo uważa, że idealnym rozwiązaniem byłoby, gdyby te różne grupy etniczne żyły razem w jedności i pokoju. Jednak stopniowo dochodzi do przekonania, że rozdzielenie ziemi między obie grupy jest lepszym sposobem na przywrócenie pokoju.

Richarda nurtuje inne pytanie: czy pomimo tego, że jest Anglikiem, jeśli był obecny przy zakładaniu narodu Biafry, może być uznany za obywatela tego kraju? Pytania te służą zilustrowaniu podstawowego przesłania powieści na temat narodowości: mianowicie, że narody i granice to iluzja. Nie ma narodu, który istniałby od zarania dziejów, a więc muszą to być ludzkie konstrukcje. Skoro tak, to co tak naprawdę oznacza bycie Nigeryjczykiem, Brytyjczykiem, Hiszpanem czy Chińczykiem? Na przykład podział na Biafrę i Nigerię opiera się na pochodzeniu etnicznym, ponieważ zakładano, że lud

Igbo będzie mieszkał w Biafrze, a Hausa w Nigerii. Jednak powieść zaludnia szeroki wachlarz postaci, których nie da się zgrabnie zaklasyfikować do żadnej z tych grup: Mohammed jest Hausa, ale kilkakrotnie pomaga Igbo; jedna z najbliższych przyjaciółek Odenigbo jest Jorubką i martwi się o rodzinę, gdy dowiaduje się o masakrze; a Richard jest Anglikiem, ale uważa się za Biafrę i podejmuje sprawę biafrańską (choć później po konfrontacji z Kainene ponownie rozważa swoją tożsamość).

Powieść bada również związek między narodowością i rasą w odniesieniu do historii Nigerii poprzez częste dyskusje na temat teorii, że kolonializm doprowadził do bardziej ścisłego zróżnicowania Hausa i Igbo, ponieważ te dwie grupy nigdy nie ścierały się na dużą skalę w całej historii Nigerii przed erą kolonialną, a mówi się, że Brytyjczycy zachęcali do arbitralnego rozróżnienia rasowego między tymi dwiema grupami, potwierdzając, że Hausa mają jaśniejszą skórę niż Igbo.

Prowadzi to do kolejnych pytań: co tak naprawdę dzieli jedną grupę społeczną od drugiej? Czy podziały te rzeczywiście opierają się na rasie, narodowości i religii, czy też są bardziej związane z podziałem ziemi i zasobów? Adichie często daje do zrozumienia, że skłania się ku drugiemu z tych poglądów i utrzymuje, że konflikt w Nigerii był w dużej mierze motywowany przez czynniki ekonomiczne i polityczne, takie jak władza i nierówności, a nie rasowe czy etniczne.

Wojna

W *Połówce żółtego słońca* blizny wojny i przemocy są najbardziej widoczne na ludzkich ciałach w tekście. Przykładem tego są ścięte głowy, ciała, które drgają nawet po tym, jak wykrwawiło się z nich życie, gwałty i rany, które według Olanny wyglądają jak usta na granicy mowy.

Jest to kluczowa idea, gdyż okaleczone ciała zmarłych stanowią przesłanie dla żyjących. Paranoja, która dręczy Olannę, rodzi się w momencie, gdy widzi ona martwe ciała ciotki i wujka, gdyż ich zwłoki zdają się być dla niej ostrzeżeniem na przyszłość: jeśli to może spotkać nas, to równie dobrze może spotkać ciebie, twojego męża czy twoją córkę.

Język

Temat języka krzyżuje się z innymi ideami, które już zbadaliśmy, takimi jak wojna i rasa. W tym kontekście Richard jest świadkiem jednego z epizodów na lotnisku, gdzie język jest identyfikowany na podstawie tego, co potrafi powiedzieć. Na przykład Richard jest świadkiem epizodu na lotnisku, w którym Igbo są identyfikowani przez to, co mogą, a czego nie mogą powiedzieć:

> "'Jesteś Igbo,' powiedział drugi żołnierz do Nnaemeka.
> 'Nie, pochodzę z Katsiny! Katsiny!
> Żołnierz podszedł do niego.
> 'Powiedz Allahu Akbar!'
> […]
> Nnaemeka uklęknął. Richard widział strach wyryty na jego twarzy tak głęboko, że zapadł się w policzki […] Nie chciał powiedzieć Allahu Akbar, bo zdradziłby go jego akcent. […] karabin wypalił i klatka piersiowa Nnaemeka wybuchła, rozpryskując czerwoną masę." (s. 152-153)

Podobne sceny mają miejsce w całej powieści, co pozwala na zgłębienie tematu języka. Pewne dźwięki, idiomy i słowa kojarzą się z określonymi kontekstami, a język jest związany z kulturowym i geograficznym pochodzeniem danej osoby, co oznacza, że użycie określonego języka może być wykorzystane do wywołania przemocy lub wzbudzenia nadziei. Pojawia się nawet dziwny przypadek onomatopei, kiedy to beczenie kozy dostarcza rodzinie Olanny wiele rozrywki, ponieważ dźwięk ten przypomina piosenkę, a także jest podobny do dźwięku, który rzekomo wydał przywódca Hausa, kiedy poderżnięto mu gardło.

DALSZA REFLEKSJA

KILKA PYTAŃ DO PRZEMYŚLENIA...

• Jak myślisz, jakie dodatkowe przeszkody napotykają kobiety, próbując pisać, publikować i sprzedawać powieści, w porównaniu do ich męskich odpowiedników? Jak myślisz, jakie dodatkowe bariery musiałby pokonać czarny autor, taki jak Adichie?

• Jak myślisz, dlaczego Richard zrezygnował z prób napisania powieści i postanowił poświęcić się wyłącznie dziennikarstwu?

• Jaką rolę według Ciebie odgrywają akademicy w sytuacji politycznej danego kraju?

• Jak myślisz, dlaczego Adichie wybrała perspektywę Olanny zamiast Kainene?

• Odenigbo często opowiada się za ustanowieniem socjalistycznego systemu rządów w Biafrze. Czy uważasz, że ma on rację, czy też powinni byli przyjąć inny system rządów?

DALSZE CZYTANIE

WYDANIE REFERENCYJNE

Ngozi Adichie, C. (2007) *Half of a Yellow Sun*. London: Harper Perennial.

BADANIA REFERENCYJNE

Ekwe-Ekwe, H. (brak daty) *The Biafra War and the Age of Pestilence*. [Online]. [Dostęp 19 kwietnia 2018]. Dostępny w: <http://www.litencyc.com/theliterarymagazine/biafra.php>.

Jacobs, S. (2011) Orientalizm w Afryce Subsaharyjskiej. *Africa is a Country*. [Online]. [Dostęp 19 kwietnia 2018]. Dostępny w: <http://africasacountry.com/2011/04/orientalism-in-sub-saharan-africa>.

Martin, Á. (2017) Chimamanda Ngozi Adichie, la feminista transgresora. *El Espectador*. [Online]. [Dostęp 19 kwietnia 2018]. Dostępny w: <http://www.elespectador.com/noticias/cultura/chimamanda-ngozi-adichie-feminista-transgresora-articulo-674988>.

Sandoval, M. (2004) Pero ¿quién es Chimamanda? *El País*. [Online]. [Dostęp 19 kwietnia 2018]. Dostępny w: <http://cultura.elpais.com/cultura/2014/03/18/actualidad/1395173061_371389.html>.

ZALECANA LEKTURA

Achebe, C. (2013) *There Was a Country: A Personal History of Biafra*. London: Penguin.

Said, E. W. (2003) *Orientalizm*. London: Penguin.

ADAPTACJA

Połówka żółtego słońca (Half of a Yellow Sun) (2013) [Film]. Biyi
Bandele. Reż. Nigeria: Shareman Media/Slate Films.

Chcemy usłyszeć od Ciebie, co się dzieje!
Zostaw komentarz na temat swojej internetowej biblioteki
i podziel się swoimi ulubionymi książkami w mediach społecznościowych!

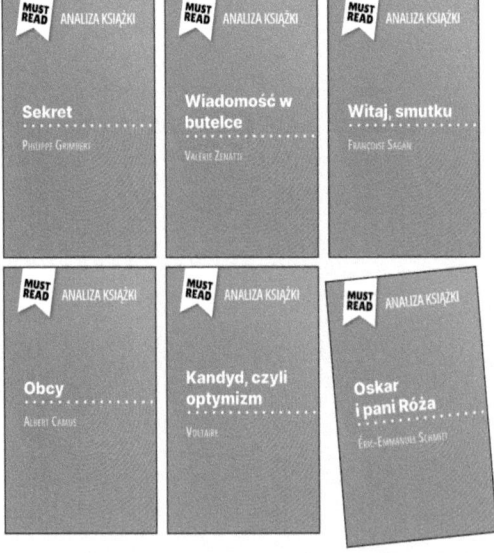

Wydawca zapewnia o wiarygodności publikowanych informacji, co jednak nie może wiązać się z jego odpowiedzialnością.

www.50minutes.com

Master ISBN: 9782808695237
Papierowy ISBN: 9782808616638
Depozyt prawny: D/2023/12603/1943

Verhaal: © Primento

Projekt cyfrowy: Primento, cyfrowy partner wydawców.